職場体験完全ガイド 会社員編

ユニクロ
GAP
カシオ
資生堂

67

ファッションの会社

職場体験完全ガイド 会社員編 もくじ ⋯⋯⋯⋯⋯⋯⋯⋯

＊本書掲載の内容は2020年3月末現在のものです。

この本で紹介している企業の「SDGsトピックス」について

●わたしたちが地球にくらしつづけるために、企業としてできること

SDGsは2015年に国連で採択された、「持続可能な開発」のための国際社会共通の目標です。「持続可能な開発」とは、未来の世代がこまることのないように、環境をまもりながら現在の世代の要求を満たしていくことです。2016年から2030年の15年間で、17の目標の達成をめざすことが決められました。採択には日本をふくむ150以上の国連加盟国の首脳が参加しました。

SDGsは世界共通のものさしであり、国、組織、企業、学校、個人などそれぞれの立場で目標に取りくむことが可能です。企業には、その社会における責任をはたすために、技術や知恵、資金をいかして課題の解決に取りくむことが期待されています。とりくみを進めることで企業価値が高まり、新たな事業が生まれるという利点もあります。

この本では、環境保護や社会貢献活動といったサステナビリティ（持続可能性）を重視する企業を取材し、その企業がとくに力を入れているとりくみや、みなさんに知ってほしいトピックスを選んで紹介しています。

SDGsの17の目標

SUSTAINABLE DEVELOPMENT GOALS

目標1 貧困をなくそう

目標2 飢餓をゼロに

 目標3 すべての人に健康と福祉を

目標4 質の高い教育をみんなに

目標5 ジェンダー平等を実現しよう

 目標6 安全な水とトイレを世界中に

目標7 エネルギーをみんなにそしてクリーンに

目標8 働きがいも経済成長も

 目標9 産業と技術革新の基盤をつくろう

目標10 人や国の不平等をなくそう

目標11 住み続けられるまちづくりを

 目標12 つくる責任つかう責任

目標13 気候変動に具体的な対策を

目標14 海の豊かさを守ろう

 目標15 陸の豊かさも守ろう

目標16 平和と公正をすべての人に

目標17 パートナーシップで目標を達成しよう

ユニクロ

サステナビリティ部 グローバル環境(かんきょう)マネジメント

佐久間洋(さくまひろし)さんの仕事

ファーストリテイリングは、ユニクロやジーユーなど、9つのファッションブランドを世界じゅうで展開(てんかい)する会社です。本社は山口県山口市(やまぐちけんやまぐちし)、本部は東京都港区(とうきょうとみなとく)にあります。ここでは会社全体の環境問題の解決(かいけつ)にとりくむ佐久間洋さんの仕事をみていきましょう。

ユニクロ

ファーストリテイリングは洋服の企画・生産・物流・販売までを自社で行い、独自の商品を生みだす会社です。中心となる「ユニクロ」事業では、品質がよく安い洋服を世界じゅうにとどけ、「服を通して世界をよりよくすること」をめざしています。

株式会社ファーストリテイリング
本社所在地 山口県山口市 **創業** 1963年 **従業員数** 5万6,523名（2019年8月31日現在）

主力商品の「ヒートテック」など 機能性の高い服を世界じゅうにとどける

ユニクロでは最先端の繊維の技術をいかし、機能性の高い服をつくっています。なかでも、体から出る水蒸気を熱に変えてあたたかさをたもつ「ヒートテック」は人気商品です。また、軽くて熱をにがさない羽毛を使用した「ウルトラライトダウン」などの商品も、世界じゅうの人びとに愛されています。

▲軽くてあたたかい「ウルトラライトダウン」は、ベストやジャケット、パーカー、コートなどさまざまなデザインがあります。小さくたためるのでもちはこびにも便利です。

▶2003年に登場した「ヒートテック」は毎年進化をつづけ、いまでは世界じゅうで累計10億枚以上を売りあげる主力商品になっています。

▼綿100パーセントの「スーパーノンアイロンシャツ」。アイロンを使わなくてもシワがめだたない特殊加工がされています。

▲▶サイズや形を徹底的に計算し、着たときのシルエットを美しく見せる「クルーネックT（半袖）」。

上質でシンプルなデザインの 「究極の普段着」

ユニクロは、国や世代をこえ、あらゆる人びとの日常を快適にする「究極の普段着」（「LifeWear*」）をつくりつづけています。ほかのメーカーとくらべて、シンプルなデザインの商品が多く、デザインと上質さにこだわった服づくりをしています。またカラーやサイズが豊富にあるのも特徴です。

＊ユニクロがつくったことばで、「あらゆる人の生活を、よりゆたかにするための服」という意味です。

世界じゅうに広がる
ユニクロファッション

　ユニクロは「服を着る楽しさを、世界に届ける」ことを目標にしています。現在、中国、韓国、東南アジアを中心に、アメリカやヨーロッパをふくむ25の国と地域に出店しています。2018年度には、海外での売りあげが国内の売りあげをこえています。

▶2018年にオープンしたスウェーデン1号店は、ストックホルムの伝統ある建築物の一角にあり、建てもののふんいきをいかした売り場づくりをしています。

◀世界でもとくに売りあげが拡大している中国。ユニクロ上海店は、売り場の面積が約6,000平方メートルと、世界最大規模の店舗です。

ユニクロの
SDGsトピックス≫

7 エネルギーをみんなにそしてクリーンに

12 つくる責任つかう責任

13 気候変動に具体的な対策を

リサイクルBOXで着なくなった服を回収、
服を必要とする人たちにとどける

　ファーストリテイリングは、ユニクロとジーユーの店舗にリサイクルBOXを置いて、お客さまが着なくなったユニクロ、ジーユーの服を回収し、リユース・リサイクル*する「全商品リサイクル活動」を行っています。

　回収した服は選別し、まだ着られるものは服を必要とする難民や移民などにとどけています。これまでに、72の国と地域に3500万枚以上をとどけてきました。着られないものは、燃料としてリサイクルしています。素材を循環させて資源を効率的に使うことで、温室効果ガスの削減に貢献しています。

2018年にコロンビアで実施した「全商品リサイクル活動」では、難民と移民に約9万着の衣服をとどけました。

＊「リユース」はくりかえし何度も使うことで、「リサイクル」は使えなくなったものを資源として再利用することです。

ユニクロ

サステナビリティ部 グローバル環境マネジメント

佐久間洋さんの仕事

ファーストリテイリングは服を通じて、世界の人びとのくらしをゆたかにし、それを継続できる（サステナブルな）社会の実現をめざしています。佐久間さんは、環境問題の解決にとりくむサステナビリティ部に所属し、温室効果ガスの排出量をへらすためにとりくめることを考え、実行する仕事をしています。

計画的に温室効果ガスをへらす

■ファッション業界の課題にとりくむ

ファーストリテイリングでは、年間13億点もの服をつくり、販売しています。

ファッション業界では一般に、綿花などの原材料の生産、原材料から糸と生地をつくる工程、生地を染める工程、そして縫製して服として完成させお店で販売するまでに、多くの温室効果ガス（二酸化炭素など）を出し、水とエネルギーを消費します。

佐久間さんが所属するサステナビリティ部では、そうした状況をふまえて、地球の環境をまもるために、いま会社としてするべきことを考えています。

また、佐久間さんはつねにアンテナをはって、国連などの国際機関の動きや企業の新しいとりくみなどの情報を収集しています。

■温室効果ガスをへらす具体的な方法を決める

地球温暖化の進行をふせぐための国際的な枠組みである「パリ協定」では、「産業革命*前からの気温上昇を2度よりはるかに低くおさえること」が目標とされています。

佐久間さんはパリ協定の目標をもとに、環境にくわしい専門家や社内の関連部門から意見を聞き、温暖化の原因とされる温室効果ガスの排出量を会社としてどのくらいへらすかという目標を決めます。そして目標を達成するために、店舗や工場、商品の運送時などにとりくめることを具体的に決めます。

計画を立てるのに必要な資料を集めるため、社内にもうけられた図書館も利用しています。

*18世紀から19世紀にかけて、イギリスを中心に、手工業生産から機械の導入により工場で大量生産が行われ社会が大きく変化したことです。

■照明をLEDに変えて 温室効果ガスをへらす

計画が決まったら、その達成に向けてはたらきかけ、実行にうつしていきます。

ユニクロの店舗の照明を、電力の使用量が少ないLEDにすることで、エネルギーの使用量と温室効果ガス排出量をへらす計画を立てた場合、効率よく実行できるよう、新しい店舗を手がけて管理する出店開発部門の担当と相談しながら、各店舗にLEDの導入を進めていきます。

じっさいに、店舗にLEDを導入するとりくみで、「2013年度から2020年度までに、温

アメリカ・ロサンゼルスなど、海外の社員に、環境についてのとりくみを発信します。

半年に1度の会社全体の会合では、世界から集まった社員に、問題解決へのとりくみについて講演をします。

室効果ガスの排出量を10パーセントへらす」という目標を達成することができました。

■とりくみの内容を 発信して理解を深める

環境問題へのとりくみをスムーズに進めるためには、会社の人に環境問題への理解を

深めてもらうことも必要です。そのため、とりくみの内容を発信することも大切です。

たとえば、ファーストリテイリングの国内外の関係者が集まる大きなイベントなど、機会をつくって環境問題をテーマに講演を行っています。

店舗での成果を検証する

■とりくみの成果を 店舗で検証する

ユニクロの店舗で温室効果ガスの排出量を削減するとりくみが、計画どおり行われ、成果が出ているかを検証するのも佐久間さんの仕事です。

店舗にLED照明を導入したことによって電気使用量がどのくらいへったかを確認するため店舗を訪問し、電気の

じっさいの使用状況や使用量のデータの検証を行います。公正に行うため、検証を専門とする会社の人にも同行してもらいます。

■検証結果を整理して 店舗づくりにいかす

検証の会社から、検証結果と改善点などのアドバイスをもらいます。佐久間さんは、それらの内容を確認して、ま

店舗の電気使用量を計測する装置を確認します。

とめます。

　まとめた内容は、出店開発部門など関連部署に報告します。佐久間さんたちの部署では、検証の結果と改善点を参考に、環境対策を進めるため、会社全体として、今後どのように店舗づくりを行っていけばよいかを考えます。

生産工程の水の使用量をへらす

■ジーンズをあらうときの水の使用量をへらす

　ジーンズの生産には大量の水が必要です。原材料の綿花の栽培や、糸を染めるとき、風合いをつくるときなど、それぞれに大量の水を使います。

　環境対策として、生産の工程で出る水の使用量をへらすことは大きな課題です。そこでファーストリテイリングでは、ジーンズをあらうときの水の使用量をへらす、独自の加工技術を開発するなどのくふうをしています。独自の加工技術の導入によって、一部の商品では、仕あげの工程での水の使用量を、最大で99パーセント削減（自社調べ）することに成功しています。

■生産工程に立ちあい検証する

　中国やバングラデシュなどにも、この加工技術を導入し

▶ バングラデシュのジーンズ工場で、検証会社の人と水削減の数値をチェックします。

検証した内容をもとに、水の削減の工程や効果について、工場の人たちと議論します。

ている工場があります。佐久間さんは検証の会社の人といっしょに、これらの工場の生産工程に立ちあって、水削減のとりくみの効果が出ているかなどについて確認します。

■現場の管理者と直接対話をする

　ファーストリテイリングには、アジアを中心にたくさんの生産工場があります。環境対策を実施するために、生産工場の協力は欠かせません。佐久間さんは、現地の工場の経営者や現場の管理者と話を

しながら環境対策の重要性を伝え、目標をいっしょに達成していけるようはたらきかけます。

■海外のとりくみを応用する

　海外の生産工場では、環境に関する国の規定があったり、省エネルギーや水の使用量をへらすためのとりくみを率先して行っていたりします。

　広めたいとりくみを、ほかの生産工場でも実践できるようにする方法を考えます。

ユニクロの佐久間洋さんに聞きました

目先の利益だけにとらわれない
「未来への種まき」が必要

1982年、東京都出身。大学は工学部で機械知能について学び、大学院では環境科学研究科に進みました。大学卒業後は環境関連の会社ではたらき、2017年にファーストリテイリングに入社しました。サステナビリティ部に所属し、おもに環境に関するさまざまなとりくみを行っています。

自分の仕事で、世の中をよい方向に変えたい

Q この仕事についたのはなぜですか?

環境にかかわる仕事につきたいと思ったのは、自分の仕事によって「世の中が少しでもよい方向に変わった」ことを実感し、生きたあかしを残したいと思ったからです。

ファーストリテイリングは日本を代表するグローバル企業*です。これからますます重要になる環境というテーマについて、会社の中心となって進めていくことは、世界に大きな影響をあたえることにつながり、自分自身の成長にもつながると感じました。

Q 仕事のどんなところにやりがいを感じますか?

「ファーストリテイリングは次に何をするんだろう」と世界じゅうの人びとから注目

*世界規模で事業を展開して、サービスを提供している企業のことです。

され、期待されています。

パリ協定にもとづいた「温室効果ガス排出量の削減の目標づくり」など、大きな計画にたずさわり、それを世の中に発表できたときなどには、大きな達成感とやりがいを感じます。また、わたしたちの発信する内容は、協力会社や服づくりにかかわる人びとの環境意識やとりくみが、よい方向に変わるきっかけにもなっています。

自分の仕事が世界じゅうにダイレクトにとどき、大きな影響をあたえられるところに魅力を感じています。

Q これからの目標はなんですか?

店舗の照明をLEDに変えるなど、環境対策にはお金も労力もかかります。やらないほうがもうかるのかもしれません。環境対策の必要性を理解してもらい、会社全体でとりくむ体制にしていくのはたいへんなことです。

しかし、地球環境の変化にともなって、これからは「環境対策をしていない会社」は時代にとりのこされてゆくでしょう。

目先の利益だけにとらわれるのではなく、「未来への種まき」が必要であることをわかりやすく伝え、会社全体を引っぱっていくことがわたしの目標です。

環境対策を進めることが、会社の利益やよりよいビジネスにつながるようなしくみをつくっていきたいと思っています。

わたしの仕事道具 🔧

手帳とペン

仕事中はパソコンとともに、手帳とペンをつねにもちあるくようにしています。物事を考えるときには方眼ノートを使います。頭のなかのイメージを絵にしたり、それらを線で結びつけたりすることで、考えがより明確になり、整理しやすくなります。

一問一答 Q&A

Q 小さいころになりたかった職業は?
プロ野球選手（西武ライオンズ）

Q 小・中学生のころ得意だった科目は?
算数（数学）、理科、社会

Q 小・中学生のころ苦手だった科目は?
国語

Q 会ってみたい人は?
坂本龍馬

Q 好きな食べものは?
すし

Q 仕事の気分転換にしていることは?
つり、キャンプ

Q 1か月休みがあったら何をしたいですか?
海の近くでつりをしながらすごす

Q 会社でいちばん自慢できることは?
みんなが熱意をもって仕事にとりくんでいるところ

ユニクロの
佐久間洋さんの
一日

出店開発部門との定期的な打ちあわせ。店舗の省エネルギーをどのように進めていくかを話しあいます。社内での打ちあわせは、30分以内にすませるようにしています。

スタート！

通勤には、両手が自由になるリュックサックを利用しています。

その日の会議で使用する資料の準備をします。自分の席のほかに、自由に使える席がたくさんあるので、そのときにおうじて選びます。

起床・朝食	出社・メールチェック	会議の準備	会議・打ちあわせ	昼食
6:00	8:00	8:30	9:30	12:00

就寝	帰宅	退社	資料作成	休けい	打ちあわせ	会議
24:00	18:30	17:00	15:30	15:00	14:00	13:00

社内には大きな図書館とカフェがあり、気分転換やコミュニケーションの場として利用しています。

上司に、仕事の進行状況の報告や相談をして、アドバイスをもらいます。

UNEP*の人と、環境活動に関する意見交換をしました。

*「国連環境計画」という各国の環境に関する活動を調整、管理する国連の機関で、環境活動の普及などを行っています。

ファーストリテイリング人事部新卒採用（さいよう）チームの
宗岡達朗（むなおかたつろう）さんに聞きました

こんな人と
はたらきたい！

- ☑ 常識（じょうしき）にとらわれない人
- ☑ よりよい方法を考えつづける人
- ☑ 多様な人たちとチームをつくれる人

ほんとうによい服づくりの理想を追求していく

わたしたちは、服を通じて世界をよりよい方向に変えていこうと挑戦（ちょうせん）をつづけています。「以前はこうだったから」という、これまでの常識にとらわれることなく、ゼロからまったく新しい考えかたで、ほんとうによい服づくりをめざしているのです。この考えかたは、商品の企画（きかく）だけでは

なく、店舗（てんぽ）ではたらくスタッフや、わたしたち管理部門の社員にもあてはまります。

「課題（かいけつ）を解決するには？」「もっとよくするにはどうする？」を徹底的（てっていてき）に議論（ぎろん）し、理想を追求する人材をわたしたちはもとめています。

また、グローバル化が進むなか、わたしたちも世界を舞台（ぶたい）にビジネスを展開（てんかい）しています。展開する商品が「あらゆ

る人」にとってよい服であるのと同様に、はたらく場も、国籍（こくせき）、性別（せいべつ）、宗教（しゅうきょう）などにかかわらず、どんな人でも活躍（かつやく）ができることをめざしています。

人と積極的にかかわりチーム力をみがいてほしい

わたしたちは、企画から製（せい）造（ぞう）、販売（はんばい）までを一貫（いっかん）して自社で行っています。社員には、自分の仕事だけでなく、さまざまな専門性（せんもんせい）や経験（けいけん）をもった仲間といっしょに仕事をして、成果を出していくことがもとめられます。

いろいろな人と積極的にかかわりをもって、多様な人びととといっしょにチームをつくる力、そしてそのチームを引っぱっていく力を、身につけていってほしいと思います。

東京都江東区（とうきょうとこうとうく）にある、有明（ありあけ）オフィス６階は「ユニクロ シティ トウキョウ」と名づけられて、１つのフロアに約1000人の社員が勤務（きんむ）しています。部署をこえた社員どうしのコミュニケーションが活発に行われています。

GAP

ストアマネージャー
井野由紀子さんの仕事

Gap はアメリカに本社を置く衣料品メーカーです。日本法人のギャップジャパン本社は東京都渋谷区にあり、Gap と Banana Republic のブランドを展開しています。Gap 新宿フラッグス店ではたらく井野由紀子さんの仕事をみていきましょう。

GAP

Gapはオリジナルのデニム（ジーンズ）をはじめ、女性、男性、子ども向けのブランド「Gap」の洋服を企画・開発・生産して、世界じゅうで販売する会社です。「洋服を売る以上のことをしよう」という考えかたのもと、お客さまも社員も「楽しむ」ことを大切にしています。

ギャップジャパン株式会社
本社所在地 東京都渋谷区　**創業** 1994年　**従業員数** 約6,800名（2020年2月1日現在）

だれもが自分に合うデニムを
見つけられるお店

　デニム（ジーンズ）生地を使った服は、Gapの象徴的な商品です。Gapの創業者、ドン＆ドリス・フィッシャー夫妻は「だれもが自分に合うデニムをかんたんに見つけられるお店を開きたい」という思いから、1969年にアメリカのサンフランシスコに第1号店をオープンしました。Gapでは、その人の体型や好み、気分にぴったりのデニムを見つけられるよう、数多くのデニム商品を展開しています。

▶生地の風合いをいかしたデニムジャケット。流行をとらえたデザインとカラーの豊富さ、着心地のよさなどから、愛用者が多い商品です。

▲▶色合いや素材感、カラー、シルエットなど、種類が豊富なGapのデニムパンツ。ボタンなどに、創業年の数字「1969」がきざまれています。

洗練されたアメリカンスタイルで
自分らしさを表現

　Gapは創業以来「洗練されたアメリカンスタイル」をテーマに、自分らしさを自由に表現できるカジュアルファッション＊をめざしつづけています。

　その歴史と伝統を受けつぐため、デニムのほかにも、毎日の着まわしに欠かせないTシャツ、ニット、パンツなど、さまざまなオリジナルの商品を展開しています。

The 1969 Premium Collection

▶2019年には創業50周年を記念したデニムやTシャツなど、日本限定の商品も数多く発売されました。

16　＊気軽に日常生活のなかで着ることのできるファッションのことです。

家族みんなで楽しめる売り場づくり

Gapでは老若男女、すべての人に向けた服を提供しています。おとな向けのブランドのほか、子ども向けの「GapKids」「babyGap」も展開し、家族みんなで買いものをして、おそろいのコーディネートを楽しむことができる店づくりを進めています。

◀売り場にはたくさんのマネキンを配置。家族みんなで楽しめるコーディネートを提案しています。

 GAPの SDGsトピックス ≫

デニムのはき心地はそのままに 新しい洗浄技術で節水を実践

Gapでは、地球にとってよりよい商品をつくるためのプロジェクト「GAP FOR GOOD」を世界じゅうで展開しています。なかでも「節水と水質の管理」は、力を入れているとりくみの一つです。

洋服の製造には大量の水が必要です。Gapでは、仕あげの「あらい加工」の工程に「ウォッシュウェル」という新しい洗浄技術をとりいれることで、デニムのはき心地を変えずに、水の使用量をそれまでにくらべて20パーセントへらすことを実現しています。また、植物由来の柔軟剤を使っているため、工場から排出される水の有害化学物質も削減されました。

デニムのかたさをとるために行う「あらい加工」の様子。水の使用量だけでなく、排出される水の水質管理も徹底して行っています。

GAP（ギャップ）
ストアマネージャー
井野由紀子（いのゆきこ）さんの仕事

ギャップジャパンは、1995年に東京・銀座にGap1号店をオープンして以降、店舗をふやし、いまではおよそ150以上の店舗を展開しています。井野さんは東京都にある新宿フラッグス店で、お客さま目線で接客をしながら、ストアマネージャーとしてスタッフをまとめ、店舗の運営をしています。

売り場全体を整える

■お客さまが楽しめる お店づくりをする

お店に来たお客さまに楽しく、心地よく買い物をしてもらうために、お店の環境を整えることは大事な仕事です。

なかでも、店舗全体のレイアウトや商品の配置を整えることは大切です。すべてのお店で統一されている売り場のイメージを基本に置きながら、店舗ごとに、マネキンのコーディネートや商品の配置にくふうをこらします。

いつ来ても新鮮さを感じてもらえるよう、季節の変わりめはもちろん、売りあげの傾向をみながら、週に3〜4回は商品の配置を変更します。その日の天候によってもお客さまのもとめる商品は変わるので、天気予報を見て、その日の配置を見なおすこともあります。

キャンペーンやセールなどの特別な期間は、その対象となる商品がめだつようにしたり、たなの上の展示やかざりつけを変えたりして、お客さまにわかりやすくします。

■売り場全体を見て 商品を配置する

毎朝の開店前には、販売スタッフ全員で売り場を整えます。井野さんは、売り場全体を見ながら動きます。たとえば、タグ（値札）が外に出ている商品があれば、たたみなおしてなかにしまったり、商

店舗のディスプレイを担当するスタッフと、本社から提示された売り場イメージを確認して、問題がないか相談します。

18

商品は見やすいように、サイズが小さいものが手前になるようにならべます。

マネキンが着ている商品は、近くの目につく場所に置きます。

思った商品や知りたい情報を見つけやすいようにすることも大切です。マネキンが着ている商品がその商品の周辺に置かれているか、値段などが書かれた札が商品の近くにあるかなどを確認します。

品が見やすいように、小さいものから大きいものへと順番にならべたりします。

また、お客さまがほしいと

お客さま目線で接客する

■「こんにちは」とお客さまを出むかえる

午前11時の開店と同時に、接客がスタートします。Gapではていねいで、親しみやすい接客を大切にするため、お客さまには「いらっしゃいませ」ではなく「こんにちは」と声をかけます。

井野さんは、「こんにちは」と笑顔で出むかえながら、お

客さまの服装や、店内での動き、視線の先を観察します。

■お客さまがもとめる接客をする

お客さまによっては声をかけられたくない人もいるので、お客さまの様子を見て、まよっていたり、店員をさがしている様子があったりすれば、声をかけます。お客さまがもとめているものを的確につか

み、タイミングよく声をかけるのは、販売員のうでの見せどころです。

試着を希望するお客さまに

試着後にサイズをチェックしながら、お客さまの好みをつかみ、ときにはその商品に合いそうなほかの商品も提案します。

子ども服売り場でなやむお客さまは、プレゼント用に洋服をさがしていることが多いので、声をかけ、人気のアイテムやコーディネートを案内します。

は、サイズの確認をして、試着室に案内します。

お客さまに満足してもらえるよう、その日の売れゆきなどを見て、一日のなかで売り場のレイアウトを変更することもあります。また、商品がお店につねにそろっているよう、在庫の確認もこまめに行います。

■新しい発見や着こなしを お客さまに提案する

井野さんがとくに心がけているのは、お客さまに「新しい発見や体験」をしてもらうことです。

たとえば、パンツをさがしているお客さまには、その商品に合った、シャツやセーター、マフラーなど、全体のコーディネートを提案します。マネキンに着せて見せたり、試着のときにそれらの商品もためしてもらったりします。

提案によって、お客さまが自分では気づかなかった新た

レジでは、購入した商品のよさや着こなしかたを伝えるなどして、コミュニケーションをとり、満足して帰ってもらえるようにします。

な発見をしたり、新しい着こなしを知ったりして、お店に来てよかったと思ってもらえるように心がけています。

売りあげ目標を達成する

■目標達成のための 戦略を考える

井野さんは店舗運営の責任者でもあります。月間、週間、1日単位の売りあげ目標や、重点的に売りたい商品の販売目標など、本社から提示されるさまざまな目標があります。その目標を達成するために、店舗でどのようなサービスや環境づくりをすべきか、戦略を考えます。

会社全体としての方針や、各店舗の状況を共有するために、本社の会議に参加することもあります。

■スタッフを支援して チームをまとめる

お店でいっしょにはたらく人は、正社員や契約社員、アルバイトなどさまざまです。

目標達成のためには、スタッフ全員の協力が大切です。

i Padの画像を参考に、マネキンのコーディネートのしかたをスタッフに説明します。

▼

チームで目標を達成するため、ひとりひとりに、指導や教育をするのも大事な仕事です。

スタッフと面談をしたり、マネキンのコーディネートの指導をしたりしてサポートします。

▲

スタッフひとりひとりと面談し、目標達成のためのアドバイスをします。

GAPの井野由紀子さんに聞きました

● ●

インタビュー

お客さまに新たな発想や
コーディネートを提案したい

東京都出身。大学は社会情報学科でマーケティングやデータ分析などを学びました。大学1年生からGapでアルバイトをつづけ、2009年の卒業とともにギャップジャパンに入社。首都圏の店舗で販売員やマネージャーなどを経験し、2019年から東京都新宿区の新宿フラッグス店のストアマネージャーを担当しています。

自分では想像もしなかった組みあわせに感激

Q この会社に入ったきっかけはなんですか？

高校生のころ、Gapに買いものに行ったときに、店員さんが、「これを合わせるとすてきですよ」と、選んだ服に合わせる服も提案してくれたんです。自分では想像もしていなかった組みあわせでしたが、試着をしてみたらすごくよくて、感激しました。その体験が心に残り、大学生のときにGapでアルバイトをするようになり、卒業後にそのまま入社しました。

入社しておどろいたのは、社員のみなさんがいつも前向きでモチベーションが高く、エネルギーにあふれていたことです。わたしもそうありたいと思いながら、日びはたらいています。

Q 仕事のどんなところに やりがいを感じますか?

この会社には、社員ひとりひとりの意見や提案を受けいれ、尊重しあう文化があり、お客さまのために何ができるか日び考えチャレンジしています。たとえば、日本限定のパンツを重点的に販売する場合、各店舗で戦略を考えます。新宿フラッグス店では、日ごろから全身のコーディネートを見て購入するお客さまが多いと感じていたので、販売員になるべくそのパンツをはいてもらったり、マネキンの数をふやしたりすることで、成果を出すことができました。

こうしたとりくみをアメリカ本社の人に評価してもらえることは、大きなやりがいと

なり、スタッフとの団結力を高めることにもつながります。

そして、なやんだときは、お客さまの視点に立ちかえります。新たな発想がお客さまの満足につながることほどうれしいことはありません。

Q これからの目標は なんですか?

インターネットで服を買うお客さまがふえるなか、じっ

さいの店舗だからこそできる、特別な空間やサービスを提供していきたいです。

高校生のころのわたしが感じたように、自分では想像もつかないコーディネートや新しい発見ができる、そんなお店づくりをめざしていきたいです。そして、10年、20年先も愛されつづけるブランドづくりに貢献したいです。

わたしの仕事道具 🔧

iPad と iPod

iPadでは店舗のレイアウトやマネキンのコーディネートの見本を確認できるので、スタッフとイメージを共有したいときに使います。iPodでは商品の在庫を管理していて、バーコードをスキャンするとその商品の在庫の数がわかります。

一問一答 Q&A

Q 小さいころになりたかった職業は?

教師

Q 小・中学生のころ得意だった科目は?

美術、体育、音楽

Q 小・中学生のころ苦手だった科目は?

理科、社会

Q 会ってみたい人は?

ドン・フィッシャー (Gap の創業者)

Q 好きな食べものは?

カレーライス、アイスクリーム

Q 仕事の気分転換にしていることは?

ホットヨガ

Q 1か月休みがあったら何をしたいですか?

ヨーロッパ旅行

Q 会社でいちばん自慢できることは?

みんながポジティブで、話をすると元気になれるところ

GAPの
井野由紀子さんの
一日

開店10分前にミーティングを行います。スタッフに前日の売りあげや課題、この日の目標を伝えて、共有します。

Gapでは、1週間ごとに勤務時間を決めるシフト制をとっています。井野さんは、ストアマネージャーとして、基本的に開店準備から18時までの勤務となります。

重点的に販売したい商品をマネキンに着せ、全身のコーディネートを見なおしたり、洋服をきれいにたたみサイズ順にならべたりします。

スタート！

起床	出社・ 開店準備		ミーティング
6:45	9:00		10:50

就寝	帰宅・夕食	退社	売りあげ確認	接客	昼食	開店・接客
23:30	19:00	18:00	16:00	13:00	12:00	11:00

在庫のチェックをして、足りない分をストックルーム*にとりにいきます。

これまでの売りあげ状況を見て、今日の目標を達成できそうか確認します。

お客さまを試着室に案内し、サイズを確認して商品をわたします。

*店舗内にある、売り場に陳列しない商品を保管する場所のことです。

GAP人事担当の
デイヴィッド・ハリスさんに聞きました

こんな人とはたらきたい！

☑ ファッションを楽しめる人
☑ つねに進化し、成長できる人
☑ 人を思いやることのできる人

すべての人を尊重し楽しむ姿勢が大切

Gapには創業者であるドン＆ドリス・フィッシャー夫妻が提唱した「多様性」と「平等性」を大切にする企業文化があります。お客さまであれ、社員であれ、性別や年齢などに関係なく、多様な人びとの意見は、すべて価値があるものとして受けいれる姿勢をもちつづけています。

またファッションを提案する会社として、「楽しむ」ことを大切にしています。まず自分自身がファッションを楽しみ、前向きに生きる。そして、はたらく仲間といっしょに楽しむことで、自由なアイデアを共有でき、会社の発展にもつながると考えています。

仲間と協力しながら成長しあう

変化のはげしい時代には、つねに進化しつづける必要があります。そのため、学ぶ姿勢をもって、さまざまな立場の人とコミュニケーションしながら、成長しつづけられる人材をもとめています。

子どものころからできることはたくさんあります。生徒会や部活動、ボーイスカウトなどでリーダーシップをみがいたり、チームの一員として仲間を助けることを学んだりすることは、ビジネスで大切な力を養うことにつながるでしょう。

ボランティア活動もぜひ積極的に行ってください。人をサポートできる人は、将来はたらく場でも同じように、人を思いやることができると、わたしたちは考えています。

多様性を大切にするGapは、LGBT＊コミュニティの支援をしています。LGBTを知ってもらうための「レインボープライド」というイベントが各地で行われており、現地のスタッフがボランティアで参加をしています。写真は福岡で行われたときのものです。

＊L＝レズビアン（女性同性愛者）、G＝ゲイ（男性同性愛者）、B＝バイセクシャル（両性愛者）、T＝トランスジェンダー（身体と心の性が一致しない性別越境者）の人たちをLGBTといい、多様な性を表す虹（レインボー）をシンボルにしています。

カシオ

開発部門 時計デザイナー
かいはつぶもん　とけい

網倉遼さんの仕事
あみくらりょう

カシオは東京都渋谷区に本社を置く、時計や電卓、電子辞書など、独創的な発想で製品を開発している電子機器メーカーです。ここでは、カシオを代表するうで時計ブランド「G-SHOCK」のデザインをしている、網倉遼さんの仕事をみていきましょう。

カシオ

カシオは、世界ではじめて小型純電気式計算機の商品化に成功した電子機器メーカーです。新しいものをつくりだし、社会に役だてたいという「創造・貢献」の理念のもとに、時計や電子楽器、プロジェクター＊1など、さまざまな電子機器の製造・販売を行っています。

カシオ計算機株式会社
本社所在地 東京都渋谷区　**創業** 1957年　**従業員数** 2,842名（2019年3月31日現在）

ファッション性が高く、衝撃に強い「G-SHOCK」は世界じゅうで人気

カシオは長男・樫尾忠雄をはじめとする4人の兄弟（樫尾四兄弟）がおこした会社です。電子計算機の開発と販売で成功をおさめたあと、次にはじめたのが時計事業です。現在、時計はカシオの主力商品となっています。カシオの時計のなかで人気の高いうで時計のブランドが、「G-SHOCK」です。「G-SHOCK」は、衝撃に対する強さとファッション性の高さから、世界じゅうの人びとに愛されています。

◀「G-SHOCK」は1983年に販売が開始され、毎年たくさんのモデルが発売されています。

▶「G-SHOCK」から生まれたレディースウオッチの「BABY-G」。デザイン性が高く、人気があります。

▶電卓は、一般的な計算機からむずかしい計算のできる関数電卓＊2まで、さまざまな商品があります。

日本一の販売数をほこる電卓をはじめ、高い技術力でつくられる電子機器

カシオは時計のほかに、電卓や電子辞書など、さまざまな電子機器をつくっています。なかでも電卓は、カシオの創業時代をささえ、いまも進化しつづけている商品です。2018年の調査では、国内のメーカーのなかで電卓の販売数が全国1位となっています。また、1980年に発売された電子キーボードは、本格的な大型の電子ピアノから初心者向けのキーボードまで、現在ではさまざまなタイプの商品が生産されています。

これらの製品は、アジアやアメリカ、ヨーロッパなど、世界じゅうで販売されています。

◀グランドピアノのようなゆたかな音を出せる本格的なタイプなど、さまざまな電子ピアノを販売しています。

＊1　画像や映像をスクリーンに投影する装置のことです。
　＊2　分数・円周率・三角関数や表計算など、複雑な計算をかんたんにできる電卓のことです。

新しい技術をいかした商品で 人びとの生活をゆたかにする

カシオは創業のときから、ものづくりの技術力を積みあげてきた会社です。主力の時計や電卓だけでなく、新しい分野の商品の開発にも力を入れています。

大学の先生などと協力して進めている、皮ふの観察を行うカメラなどの医療機器や、環境や人体に有害な水銀を使わないプロジェクターなど、新しい技術で人びとの生活をよりゆたかなものにしています。また近年注目されているAI※技術や、家電製品に通信機能をもたせてインターネットにつなぐIoTの研究なども行い、時代を先どりする商品の開発にもとりくんでいます。

▲時計を組みたてる製造現場の様子。精密でこわれにくい商品をつくるための研究とくふうがつづけられています。

教育現場に関数電卓を導入して、 世界の子どもたちの数学力を向上

カシオでは、30年以上前から数学や物理、統計などの計算に必要な関数電卓を教育現場に導入するこころみをつづけています。近年ではアジアへの普及を強化し、ベトナム、インドネシア、バングラデシュ、フィリピン、タイなど、多くの国で活動を行っています。各国の中学・高校の先生、教育省と協力して、カシオの関数電卓を使ったカリキュラムや教科書の作成、授業を開発し、関数電卓の普及につとめています。商品を利用してもらうことで、各国にカシオの商品のファンがふえています。

アジアの学校で、カシオの関数電卓を利用した数学の授業を広めています。

※人工知能を意味する英語の略語です。人工知能は人間の知能をまねて、判断や行動ができるソフトウェアのことです。

開発部門 時計デザイナー
網倉遼さんの仕事

東京都羽村市にある、カシオの羽村技術センターでは、さまざまな商品の開発が行われています。時計デザイナーである網倉さんは、このセンターで「G-SHOCK」のデザインを担当しています。ここでは、新しいうで時計のモデルができあがるまでの網倉さんの仕事をみていきましょう。

新商品の方向性を決める

■もとめられている商品を考える

新商品をつくるときは、デザイナーと商品企画部で、新しいモデルの方向性を決める会議を行います。うで時計やファッションの最新の流行、動向をふまえて、どの世代に販売する商品にするのか、価格はどのくらいにするのか、広告や販売促進などをどうするのかといったことを相談して決めていきます。

たとえば、網倉さんがデザインを担当した「GA-2100」というモデルでは、売れゆきのいいそれまでのモデルを参考に、針があるデザインにして、若い世代に向けた商品にしようという大まかな方向性を最初に決めました。

■いつでも提案できるように情報を集める

会議では自分の意見をしっかりともって、提案することが大切です。

そのために、時計の展示会に行ったり、最新の時計をあつかっている店で商品を見たりして研究をします。さらに日ごろから書籍や雑誌などにも目を通して、デザインのアイデアをふやしておきます。

これまで発売された商品やカタログを参考にしながら、新商品のデザインを相談します。

デザインを完成させる

■ブランドに合うように デザイン案をまとめる

　新商品の方向性が決まったら、デザイン案をつくります。液晶ペンタブレットを使って、パソコン上でスケッチします。1つの企画に対して、何十枚ものデザイン案をかいていきます。

　スケッチをするときには、「G-SHOCK」のブランドにふさわしい形や色になっているかに気を配ります。また、「G-SHOCK」は衝撃に強いことが特長です。衝撃に強い形状になっているかも考えながらかきすすめます。

右の画面でデザイン案をかきます。左の画面でイラスト全体を見て、形や色の印象を確認しながら、微調整をくりかえします。
▼

■部署内の会議で デザイン案を選ぶ

　「G-SHOCK」のデザインは、複数のデザイナーが担当し、それぞれがデザイン案をもちより、数十案くらいになることもあります。部署内で会議を行い、そのなかから候補を3つくらいにしぼります。

　候補に選ばれた案のデザイナーは、会議で出た意見などをもとに修正を加えて、それぞれデザインを完成させます。

網倉さんの部署では数十人のデザイナーが時計のデザインを考えます。担当する企画ごと▶にデザイン案をもちよって、相談をします。

■試作品をつくり 身につけて確認する

　デザインが固まったら、試作品となる実物大の立体模型「モックアップ」をつくります。網倉さんは、専用のソフトを使い、パソコン上でうで時計の立体の形を設計します。3Dプリンター*で部品の作成を行う会社に、このデータを送って部品を発注します。

　部品がとどいたら組みたてて、確認をします。思いえがいていたイメージとちがっていないか、じっさいにうでにつけたときの印象はどうか、「G-SHOCK」らしさは出ているか、などを確認します。

■市場調査にかけて 採用する案を決める

　モックアップは、改善点の修正を行って市場調査にかけ

*コンピューターのデータをもとに立体の造形物を作成する機械のことです。

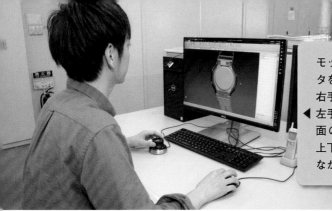

モックアップのデータをつくっています。右手のマウスでかき、左手のマウスで、画面の時計を360度、上下左右に回転させながら進めます。

デザイン会議では、モックアップを見てもらいながら、デザインの説明をします。
▼

モックアップはデザイナーがつくります。細かい作業のため、ピンセットやルーペを使い、部品をていねいに組みたてます。
▶

ます。いろいろな人にモックアップや参考商品の資料を見てもらい、その感想や意見を聞くのです。大規模な販売が予定されている新モデルの場合は、海外のカシオのスタッフや、各国のファッションの専門家にも調査のはんいを広げます。網倉さんのつくった「GA-2100」の場合は、フランス、ドイツ、アメリカ、中国で調査を行いました。

市場調査を終えたら、集まった意見を参考にして、もういちど、部署内で会議を行い、じっさいの製品に採用するデザイン案を決定します。

■商品化に向けた
　デザイン会議を行う

新モデルの案が決まると、

商品化に向けたデザイン会議が開かれます。商品企画部や営業、大量生産のための設計図をつくる外装設計者などが参加し、デザイナーはモックアップや資料を見せながらデザインの説明をします。この会議が終わると、各部署が発売に向けて動きだします。

■大量生産に向けて
　デザインの微調整をする

次に外装設計の担当者と、大量生産に向けた打ちあわせを行います。外装設計とは、デザイン案をもとにじっさいに商品を製造するための、内部の構造もふくめた設計のことです。

打ちあわせでは、デザイン案の通りだとうすすぎて内部

の設計がむずかしかったり、費用をおさえる必要があったりといった、さまざまな課題が出てきます。網倉さんは、外装設計の担当者と相談しながら、微調整を重ねてデザインを完成させます。

こうしていくつもの部署と協力しあい、調整をくりかえすことで、新しいモデルが完成し、商品が店頭にならびます。企画から発売まで1年から1年半かかります。

外装設計の担当者と、モックアップを確認しながら、調整が必要な部分を検討します。
▼

カシオの網倉遼さんに聞きました

自分がデザインした時計を身につけている人を見るとうれしい

1990年山梨県生まれ。大学ではシステムデザイン学部で工業製品のデザインを学びました。2013年にカシオに入社、プロジェクターや電卓、電子辞書のデザイン部に2年在籍し、2015年に時計のデザインを行う部署に異動。金属素材のうで時計のデザインを経験後、2018年から「G-SHOCK」のデザインを担当しています。

長く愛される
うで時計を
つくりたい

Q この仕事を選んだ
理由はなんですか?

　わたしが高校生のとき、まわりでは「ガラケー」*がとても人気でした。たくさんの会社からさまざまなデザインのガラケーが発売され、それを見ているうちに、自分もこのような工業製品のデザインをしてみたいと思うようになりました。

　しかし、工作は得意でしたが、絵をかくことが苦手でした。そこで、まずは美術部に入部して絵の勉強をはじめ、少しずつ上達していきました。大学では、家電などをデザインする勉強をしました。そのうちに、うで時計のような小さなもののデザインをしたいという気持ちが強くなり、カシオに入社しました。

*ガラパゴス携帯の略。世界の基準とはなれて日本独自の進化をした携帯電話のことです。以前は携帯電話の主流でした。　31

わたしの仕事道具 🔧

ピンセットとルーペ

モックアップの組みたてに使う部品はとても細かいため、ピンセットを使って作業をします。また、文字盤の数字など、部品のなかには、印刷されている部分もあるので、印刷がずれていないかを確認するために、ルーペを使っています。

Q 仕事のやりがいを教えてください

自分が思いえがき、デザインしたものが、世界じゅうの人の手にわたり、身につけてもらえることです。街なかで、自分がデザインした時計をつけている人を見ると、とてもうれしくなりますね。

とはいっても、自分がイメージしたデザインがそのまま形になるわけではありません。デザイナーは、製造にかかる費用や、大量生産するための効率のよさ、世の中の流行など、さまざまな制約や情報をふまえて、デザインを考えなくてはいけないのです。制約のなかで、どう自分らしいデザインにできるかが、う

での見せどころです。

でも、どうしても形にしたい「かっこよさ」があるときには、「費用はかかるけど、このデザインでいきたいです」と、営業や設計の担当者を、説得することもあります。

Q 今後の目標を教えてください

「G-SHOCK」のシリーズでは、毎年、何百もの新しいモ

デルが発売されます。しかし、そのなかで長いあいだ店頭に置かれて、たくさんの人に購入してもらえるモデルはほんのひとにぎりなのです。

だからこそ、これからも、手を動かしてたくさんのデザインをつくりながら、10年、20年と長く愛されるような時計を生みだしていきたいと思っています。

一問一答 Q&A

Q 小さいころになりたかった職業は?
映画監督

Q 小・中学生のころ得意だった科目は?
算数、体育

Q 小・中学生のころ苦手だった科目は?
国語、社会

Q 会ってみたい人は?
ジョン・レノン（イギリスのミュージシャン、元ビートルズのメンバー）

Q 好きな食べものは?
焼き鳥

Q 仕事の気分転換にしていることは?
映画と海外ドラマを見ること

Q 1か月休みがあったら何をしたいですか?
車でアメリカ大陸を横断

Q 会社でいちばん自慢できることは?
社員どうしの仲がいいところ

カシオの
網倉遼<ruby>網<rt>あみ</rt>倉<rt>くら</rt>遼<rt>りょう</rt></ruby>さんの
一日

モックアップを見ながら、色やデザインについて意見を
かわします。

スタート!!

セキュリティのた
め、会社のドアは、
社員証をかざして
開けます。

多くの社員が
社員食堂で昼
食をとります。

<ruby>起床<rt>きしょう</rt></ruby>	<ruby>出勤<rt>しゅっきん</rt></ruby>	出社	メールチェック	デザイン会議	昼食
7:00	7:30	8:40	8:50	10:00	12:00

23:00	20:00	19:30	17:30	16:00	15:00	13:00
<ruby>就寝<rt>しゅうしん</rt></ruby>	<ruby>自宅<rt>じたく</rt></ruby>で<ruby>映画鑑賞<rt>えいがかんしょう</rt></ruby>	<ruby>帰宅<rt>きたく</rt></ruby>・夕食	<ruby>退社<rt>たいしゃ</rt></ruby>	色を考える	<ruby>外装設計<rt>がいそうせっけい</rt></ruby>と打ちあわせ	スケッチをかく

すでに発売されているモデルに、
新しい色の商品を加えることにな
りました。その色をパソコンを
使って考えます。

モックアップをもとに、<ruby>外装設計<rt>がいそうせっけい</rt></ruby>の<ruby>担当者<rt>たんとうしゃ</rt></ruby>と、
じっさいの設計で問題がないかどうかなどを
相談します。

いくつもの新商品の<ruby>企画<rt>きかく</rt></ruby>が同時に進みま
す。モックアップの調整と同時に、別の
モデルのスケッチもかいていきます。

カシオ人事部の
中村文彦さんに聞きました
（なかむらふみひこ）

こんな人と
はたらきたい！

☑ 自由な発想をもっている人
☑ 自分のことばで発信できる人
☑ 好奇心のある人

個性ゆたかな人たちが協力してはたらいている

カシオでつくっているものは、時計や電卓、電子辞書、電子楽器などはば広く、製作にたずさわっている人も個性ゆたかです。職種も、デザイナーをはじめ、製品を開発するエンジニア、営業、広報や人事などさまざまです。

社員の入社理由もさまざまで、時計のブランドにひかれた人、音楽に興味のある人、教育事業にかかわりたい人など、それぞれ目標や夢もちがいます。多様な個性をもつ社員が、よりよい製品をとどけようと、協力しあっているのがカシオという会社なのです。

スマートフォンと共存し差別化する商品をつくる

カシオの主力商品である時計や電卓などの機能は、スマートフォンでも使えます。カシオでは、スマートフォンとどう共存し、どう差別化するかを考え、新しい商品を生みだしています。そのために、自由な発想をもち、自分の意志と自分のことばで発言できる人をもとめています。

好奇心をわすれずに世界に目を向ける

われわれは、人の感性を刺激し、日常にちょっとしたゆたかさを感じられる商品を提供したいと思っています。

そうした商品をつくりつづけていくためには、好奇心をわすれずに、世界で起こっているできごとに目を向けていくことが大切です。みなさんには、周囲に意識を向け、好奇心のあるおとなになってほしいと思っています。

カシオでは、はたらく障がい者の支援事業に協力しています。田植えから収穫まで行うプロジェクトでは、障がいのある人と社員が、いっしょに田植えを行いました。収穫されたお米は買いとります。

クリエイティブ

SHISEIDO

資生堂
（しせいどう）

資生堂ヘアメイクアップアーティスト
齋藤有希子さんの仕事
（さいとう ゆきこ）

資生堂は東京都中央区に本社をかまえる、化粧品の開発や製造、販売までを手がける化粧品メーカーです。ここでは、ヘアメイクアップアーティストとして、資生堂のCMや広告で活躍する齋藤有希子さんの仕事ぶりをみていきましょう。

資生堂

資生堂は、世界の約120の国と地域で化粧品を販売する化粧品メーカーです。化粧品の研究開発から製造・販売まで行い、また美容食品などの販売も手がけています。美を通じて、世界中の人びとが幸せになる社会づくりに貢献しています。

株式会社資生堂
本社所在地 東京都中央区 **創業** 1872年 **従業員数** 約4万6,000名（2019年1月1日現在）

美を通じて世界じゅうの お客さまを幸せにする

資生堂は日本を代表する化粧品メーカーです。1872年の創業以来、年齢や性別を問わず、「美を通じて世界じゅうのお客さまを幸せにする」という思いのもと、さまざまな化粧品を製造・販売しています。化粧品の製造にあたっては、安全性を最優先して行っています。はだへの安全性を検査する商品テストを行い、品質検査をくりかえしています。

◀▼ファンデーション（左）をはじめ、チーク（ほお紅）や口紅（下）など、美しさを引きだすメイクアップ商品を豊富にとりそろえています。

▲わずかな色の差やにおいの差を見きわめる能力をもつ専門の検査員によって安全性の検査をしています。

赤ちゃんからおとなまで 安心して使えるスキンケア商品

化粧品のほかに、さまざまなスキンケア商品も手がけています。赤ちゃんや子どもなど、デリケートなはだでも安心して使える日焼けどめや、女性の美しさを引きだすスキンケア商品など、さまざまな用途に合わせた商品を展開しています。

▲資生堂の技術のつまった日焼けどめブランドの「ANESSA」。一部の商品は赤ちゃんにも使えて、子どもの未来のはだもまもります。

◀洗顔料、化粧水、顔や目元クリームなど、美しいはだをまもる、「SHISEIDO」ブランドのスキンケア商品です。

お客さまの美しさを引きだす
ビューティーコンサルタント

デパートや化粧品店、ドラッグストアなどで、美容に関する知識と技術をもった販売員であるビューティーコンサルタント（美容部員）が活躍しています。お客さまひとりひとりの美しさを引きだすために、ていねいにアドバイスをします。

▲ビューティーコンサルタントは、化粧品を通じて、お客さまを美しくするサポートを行っています。

▼研究開発施設「資生堂グローバルイノベーションセンター」の1、2階に「S/PARK」があります。

美のひらめきと出あう場所
美の複合体験施設「S/PARK」

神奈川県横浜市にある「S/PARK」は、資生堂が運営する〝美〟を体感できる複合施設です。館内には、おとずれたお客さまのはだに合わせた化粧品を製造するスペースや、健康的な食事を提供するカフェなどがあります。

資生堂の SDGsトピックス≫

5 ジェンダー平等を実現しよう

10 人や国の不平等をなくそう

めだつあざや、やけどのあとなどに、
なやむお客さまをサポート

あざやきずあと、やけどのあと、また、がん治療の副作用などによるはだのなやみを、メイクアップでカバーする「資生堂ライフクオリティーメイクアップ」により、お客さまの気持ちを前向きにする活動をしています。この活動は、第二次世界大戦後まもなく、戦争によってできたケロイド*になやむ広島や長崎の人たちのため、通常の化粧品ではカバーすることがむずかしいなやみに対応する化粧品を開発したのがはじまりです。それから半世紀以上にわたり、はだのなやみをもつ人たちの思いによりそい、すべての人が心地よくくらせるよう、活動をつづけています。

資生堂ライフクオリティーメイクアップのアドバイスは、「資生堂ライフクオリティービューティーセンター」と、全国の「パーフェクトカバー」ブランドとりあつかい店で行っています。

*きずついた皮ふのあとが、もりあがったり広がったりする状態をいいます。

資生堂

資生堂ヘアメイクアップアーティスト
齋藤有希子さんの仕事

齋藤さんは、広告の撮影、ファッションショーなどでモデルや女優、タレントにヘアメイクを行う、資生堂専属のヘアメイクアップアーティストです。齋藤さんは、ヘアメイクにとどまらず、資生堂の化粧品開発や美容情報の発信、セミナーの講師など、さまざまな仕事をしています。

広告撮影のヘアメイクをする

■商品の魅力を伝えるヘアメイクをする

ヘアメイクアップアーティストは、個人ではたらく人がほとんどですが、資生堂には約40名のヘアメイクアップアーティストが社員としてはたらいています。齋藤さんもその一人です。

齋藤さんが担当する大きな仕事の一つに、化粧品の広告撮影のヘアメイクがあります。広告の種類は、CMやポスター、ウェブなどとさまざまで、モデルや女優、タレントなどに資生堂の化粧品を使ったヘアメイクをします。商品の魅力を伝えるために、その特長をよく知るヘアメイクアップアーティストの存在が欠かせないのです。

■広告イメージに合わせヘアメイクを決める

広告撮影のヘアメイクでは、まず広告を管理する部門から依頼があります。そして撮影当日の1週間前くらいに、監督やカメラマン、照明、美術など、撮影にかかわるスタッフ一同が集まって、打ちあわせをします。広告をする化粧品のイメージに合わせて、どんなヘアメイクをするかを話

撮影当日の打ちあわせでは、撮影スケジュールやメイクの内容を確認します。屋外で撮影する場合は、当日の天気を確認し、撮影の順番を決めます。

しあって決めるのです。

たとえば、はだ質一つとっても、つやっぽいはだにするか、みずみずしいはだにするかでメイクの表現はことなります。資生堂にはたくさんの化粧品のブランドがあるので、それぞれのブランドの特長や客層に合わせて、ヘアメイクの表現を決めていきます。

■撮影日までに道具をそろえる

どのようなヘアメイクをするか決まると、撮影日までに、撮影するブランドに合わせてメイク道具をそろえます。メイク道具以外にも、コットンやティッシュ、綿棒などが足りているかどうか確認します。

■監督と話しあい、ヘアメイクを調整する

撮影当日は、撮影を行う2

時間前に現場に入り、打ちあわせをしてから、モデルや女優、タレントなどにヘアメイクをしていきます。

ヘアメイクが完成したら、監督や宣伝部の社員などに確認をしてもらいます。このとき、できあがったヘアメイクが、監督がもとめるイメージとことなる場合は、話しあいを重ねて、納得のいくように調整していきます。

たとえば、齋藤さんがおとなっぽいブランドのイメージに合わせてモデルの前髪を上げたときに、監督はもう少し

ヘアメイクは、約30分から1時間かかるので、モデルさんがリラックスできるよう、笑顔で話しかけながら進めます。

若わかしいイメージをもとめていたとします。その場合には、自分の意図を監督に説明したうえで、少しだけ前髪を上げるなど、おたがいのイメージをいかせるように提案をしていきます。

撮影スタジオに入ると、用意されたヘアメイクルームで、道具をならべて準備をします。

スタジオの照明で、ヘアメイクの見えかたが変わるため、うつりかたを確認しながらカメラ前でも調整します。

■ひとりひとりの意見をくみとる

プロとして自分なりのこだわりを伝えてくるモデルや女優、タレントなどに対しても、相手の意思を尊重しながら自分の意見を伝え、おたがいが納得して進められるように話しあいます。

このように、撮影の仕事では、撮影にかかわるスタッフひとりひとりの意見をくみと

りながら、みんなで1つのイメージへといきつかなければなりません。そのため、ヘアメイクアップアーティストには、技術力とはべつにスタッフと対話を重ね調整するコミュニケーション能力と、じゅうなんに現場に対応する能力がもとめられます。

撮影後は、次の撮影ですぐに使えるように、メイク道具をあらうなど、道具の手入れを行います。▶

母親のヘアメイクをサポートする

■母親のためのかんたんヘアメイクを提案する

齋藤さんは、撮影の仕事のほかに、育児をする母親にヘアメイクの方法を伝える仕事もまかされています。齋藤さん自身も子育てをしながらはたらいているので、世の中の母親の多くが、ヘアメイクにお金や時間がかけられないことをよく知っています。

そこで、仲間のヘアメイクアーティストとともに、かんたんで時間のかからないヘアメイクなどの情報をSNS*で配信しています。

■育児中の母親たちを調査する

情報を発信するために、まず、対象となる母親を調査することからはじめます。育児中の母親はどんな情報がほしいのか、どんな配信方法だと母親は見てくれるのか、といったことを、じっさいにアンケートをとって調べます。それをもとに、情報の内容や配信方法を決めていくのです。

2〜3か月に1回会議を開き、季節に合わせたテーマと、伝えるヘアメイクのやりかたを固めます。発信する情報が決まると、必要な撮影の手配

情報を発信する1か月前に会議を開きます。今回のテーマは七五三。母親のための七五三メイクを、どのように伝えるか決めていきます。◀

＊ツイッターやインスタグラムなど、インターネットを通じて多くの人と情報をやりとりする手段です。

をして、わかりやすくまとめて発信します。

■ 母親向けのヘアメイク
　セミナーを開く

　齋藤さんは、母親向けにヘアメイクのイベントを企画し、みずから講師として教えることもあります。

　また、メイクアップのスクールで、ヘアメイクアップアーティストをめざして学んでいる人たちに技術を教えることもあります。

イベント会場で、短時間でできるメイクの方法を伝えていきます。

メイクアップのスクールでは、実演をしながら生徒たちに技術を伝えていきます。

化粧品の開発に協力する

■ 新しい口紅の
　色を検討する

　化粧品の開発に協力するのも齋藤さんの仕事です。おもに「インテグレート グレイシィ」というブランドの化粧品開発にかかわっています。

　口紅の場合、まず商品開発部から、商品の内容について説明を受けます。そして、約1年半後の発売に向けて、流行を分析して、色のバリエーションを決めていきます。

■ 試作品をためし、
　特長をまとめる

　つくる色が決まると、工場に出むき、工場の人とじっさいの色づくりを進めていきます。齋藤さんたちがめざす色味に行きつくまで、何度も試作品をつくりなおし、完成させます。

　試作品が完成すると、齋藤さんたちは、新商品の紹介や使いかたなどの情報をまとめます。新商品は、品質検査や安全検査をへて、店頭にならびます。

試作品のチェック。口紅をうでにためしぬりして色味を見ます。気になる点があれば、工場に指示してつくりなおしてもらいます。

資生堂の齋藤有希子さんに聞きました

インタビュー

ヘアメイクの力で、
ポジティブになるお手伝いをしたい

神奈川県横浜市生まれ。大学を卒業後、仕事についてから、2000年に資生堂美容専門学校に入りました。2002年に資生堂に入社し、資生堂が運営する美容室で美容師としてはたらいてから、広告の撮影なども行ういまの部署に配属。2008年「ジャパン ヘア ドレッシング アワーズ＊最優秀新人賞」など、数かずの賞を受賞しています。

学生時代に
えがいていた
夢がかなった

Q この仕事をしたいと思ったのはいつですか？

大学生のころです。大学に入ってメイクをはじめたのですが、とにかくメイクをするのが楽しかったのです。小さいころから漫画をかいたり、クリスマスカードを手づくりしたり、手を動かして何かをつくるのが好きだったのですが、その延長でヘアメイクをすることにも楽しさを感じていました。

Q 会社に入っておどろいたことは？

先輩たちが、1ミリメートルにも満たないようなミクロの世界を見ていることにびっくりしました。ふつうの人にはちがいがわからないような、髪の毛1本がえがく曲線や、口紅のラインを入れる角度を

42　＊その年の美容専門誌に発表された作品と一般公募の作品を評価して、すぐれた美容技術者におくられる賞のことです。

見ているんです。そんな先輩たちの精密で繊細な作業を目の当たりにして、これがプロフェッショナルの世界なんだとおどろきました。

Q もっとも印象に残っている仕事はなんですか?

ある広告撮影で、有名なモデルのヘアメイクを担当したことです。わたしは、いちど社会に出てから美容専門学校に入ったので、ほかのヘアメイクさんよりも出おくれていました。しかも入社後に2回出産を経験しているので、アシスタント業務が長くつづいていたのです。

そこで「自分が責任をもって担当するヘアメイクをしたい」と、上司にお願いしたところ、そのモデルにヘアメイクをするチャンスがまわってきました。この仕事を無事に終えたとき、大学生のときに思いえがいていた夢がようやくかなったと思いました。

Q 仕事でたいへんなことはありますか?

子育てと仕事の両立はたいへんです。子どもが突然インフルエンザにかかって、1週間休みをとらなければならなかったり、子どもの面倒をみ

わたしの仕事道具 🔧

メイクパレット

齋藤さんがヘアメイクを担当するモデルや女優、タレントは日本人だけではありません。さまざまな国の人のはだに合うように、ファンデーションの色もバラエティーにとんでいます。また、口紅はカットしてパレットに入れています。絵の具のように、色をまぜあわせて使うこともよくあります。

てくれる人が見つからなかったりなどいろいろあります。

社内にサポートしてくれる仲間がいるおかげで助かっていますが、まわりの人たちにめいわくをかけてしまうというつらさがありますね。自分もいつかサポートする側になりたいと思っています。

Q この仕事のやりがいはなんですか?

アシスタント時代は、どれだけヘアメイクのコンテストで賞をとり、結果を出すかにやりがいを感じていましたが、子どもを産んでから変わりました。もっと社会のために役にたちたいと思うようになったのです。

その意味では、いま行っている子育てをする母親向けのプロジェクトは、やりがいあ

る仕事です。わたしが伝えた口紅のぬりかた一つで一日が楽しくなる人がいたり、SNSで発信した情報がだれかの役にたっていたりするかもしれません。お母さんたちからの反響も多くいただいていて、うれしいです。

ヘアメイクの効果をよく理解しているつもりでしたが、ヘアメイクがこんなにも人をポジティブにさせるものなのかと、わたしがいちばんおどろいています。

いろいろな国の人と仕事をするため英語力をみがく

Q 日ごろ、心がけていることはなんですか?

とくに心がけていることはないのですが、いろいろな場

面で、人の顔やはだはよく観察しています。たとえば、テレビのニュースを見ていたら、ニュースよりニュースキャスターのはだ質や、メイクに目がいきますし、保育園のおむかえで会うお母さんの顔もつい観察してしまいます。

自分でも気づかないうちに積みかさねている観察が、仕事の役にたっています。

Q キャリアアップのためにしていることは？

英語の勉強に力を入れています。仕事でパリやニューヨークなどで開催される海外コレクション*1に行くこともあります。海外でデザイナーやモデルと話すには英会話の能力が必要なのです。

そのためにがんばって英語

齋藤さんがはじめて商品開発にたずさわった口紅です。子育て中のお母さんたちをかがやかせたい一心でつくりました。

の勉強をして、およそ1年でTOEIC*2の点数を200点上げました。これからもしっかりと勉強をつづけて、もっと英語の実力を上げていきたいです。

Q この仕事をめざす子どもたちにメッセージを

ヘアメイクアップアーティストになるには、美容学校を卒業し、美容師の経験を積んでから、アーティストに弟子

入りする人がほとんどでした。でも最近では、自分のヘアメイクの動画をインターネットで公開して有名になり、この世界に入る人もいます。

これからますます、自分の長所をみがいた人が活躍する時代になるでしょう。いまから、自分のいいところをきわめて、ヘアメイクの新しい道を切りひらいてほしいと思います。

一問一答 Q&A

Q 小さいころになりたかった職業は？
漫画家

Q 小・中学生のころ得意だった科目は？
美術

Q 小・中学生のころ苦手だった科目は？
物理

Q 会ってみたい人は？
天国にいるお母さん（子育てについて聞きたい）

Q 好きな食べものは？
納豆ごはん

Q 仕事の気分転換にしていることは？
友だちと会って話す

Q 1か月休みがあったら何をしたいですか？
スウェーデンを旅行したい

Q 会社でいちばん自慢できることは？
芸達者な人が多い

---

*1 ファッションデザイナーが、世界に先がけてブランドの新作を発表するショーのことです。

*2 英語によるコミュニケーション能力のレベルをはかる世界共通のテストで、10点から990点で評価されます。

資生堂の齋藤有希子さんの一日

スタジオの準備をし、モデルが到着すると、ヘアメイク開始です。モデルが、みるみるうちに美しく変身していきます。

スタート！！

モニターの大きな画面で撮影した画像を見て、色味に問題がないか確認します。気になるところがあれば、メイクを調整します。

起床・朝食	家を出る	撮影現場に直行	ヘアメイクをする	撮影
7:00	8:00	9:00	10:00	11:00

就寝	夕食	保育園に到着	退社	資料の作成	商品開発の打ちあわせ	会社にもどる
23:30	19:00	18:00	17:00	16:00	15:00	14:30

育児中のため短時間勤務にする日があります。この日は、保育園に子どもをむかえにいきました。

セミナーで使う資料を作成します。一目見て理解できるように、写真を使ってメイクのテクニックを伝えます。

試作品のファンデーションを商品企画部の社員とチェックします。はだのしみや、くすみをきちんとカバーできるかを確認します。

資生堂人事部採用グループの
岡大樹さんに聞きました

こんな人とはたらきたい！

☑ 「人」に興味がある人

☑ 変化を受けいれ楽しめる人

☑ 何かに熱中した経験をもつ人

「人」が好きだから仕事に全力でとりくむ

資生堂には、「エリクシール」「SHISEIDO」「ツバキ」などさまざまなブランドがあります。そして、ブランドごとに、研究開発、製造、営業などの部門と連携しながら商品化を進めています。

また、齋藤さんのような専門性の高いメイクアップアーティストやデザイナー、美容部員も社員として所属しています。さまざまな立場で活躍する社員に共通しているのは「人」が好きなこと。だからこそ、お客さまがもとめる美を追求するため、それぞれが全力でとりくんでいます。

変化をおそれず楽しめることが大事

資生堂は、よりお客さまの視点に立った商品がとどけられるように、この数年で大きく進化しています。

社員はみなその変化を受けいれ、楽しみながら、それぞれのブランドの個性を高めています。「このブランドは資生堂なの？」とおどろかれることもありますが、ブランドごとの個性が育っている証拠だと思います。

熱中できるものを見つけてほしい

若いうちに、何か熱中できるものを見つけてください。スポーツでも、勉強でも、こん虫のことだっていいのです。好きなことにはもっと知りたいという思いが生まれ、きわめたいと行動するようになります。その経験は自信となって、将来かならず役にたちますよ。

神奈川県横浜市にある研究開発施設「資生堂グローバルイノベーションセンター」のフリースペースです。自由な発想が生まれるように、くふうがされていて、部署のかき根をこえた交流が行われています。

会社にはさまざまな役割の人がいる！（やくわり）

仕事の種類別さくいん

会社ではたらく人のおもな仕事を、大きく10種類に分けてとりあげています。
このさくいんでは『職場体験完全ガイド』の61～70巻［会社員編］で紹介した、すべての会社の巻数と掲載ページを調べることができます。

1 営業系の仕事
会社の商品やサービスを売る

この会社を見てみよう！
- ◆NTTデータ ➡62巻15ページ
- ◆日本出版販売 ➡65巻37ページ
- ◆雪印メグミルク ➡66巻37ページ
- ◆エフエム徳島 ➡69巻37ページ

2 生産・製造・品質管理系の仕事
品質のよい製品を円滑に生産する

この会社を見てみよう！
- ◆コロナ ➡61巻25ページ
- ◆JR九州 ➡65巻15ページ
- ◆カルビー ➡66巻5ページ
- ◆ニトリホールディングス ➡68巻15ページ

3 クリエイティブ系の仕事
アイデアを製品や広告などの形にする

この会社を見てみよう！
- ◆ヤフー ➡62巻25ページ
- ◆キングレコード ➡63巻17ページ
- ◆資生堂 ➡67巻35ページ
- ◆講談社 ➡69巻17ページ

4 情報技術（IT）系の仕事
コンピューターにかかわる仕事をになう

この会社を見てみよう！
- ◆NDソフトウェア ➡62巻37ページ
- ◆アマゾン ➡64巻37ページ
- ◆カシオ ➡67巻25ページ
- ◆楽天Edy ➡70巻15ページ

5 経営者・管理職系の仕事
会社を経営し、組織をまとめる

この会社を見てみよう！
- ◆富士通 ➡62巻5ページ
- ◆タカラトミー ➡63巻5ページ
- ◆中日新聞社 ➡69巻27ページ
- ◆七十七銀行 ➡70巻5ページ

6 研究・開発・設計系の仕事
新製品をつくるための研究・開発をする

この会社を見てみよう！
- ◆コクヨ ➡61巻5ページ
- ◆セイコーマート ➡64巻5ページ
- ◆サントリー ➡66巻25ページ
- ◆ノーリツ ➡68巻25ページ

7 企画・マーケティング系の仕事
市場を分析して、製品を企画する

この会社を見てみよう！
- ◆京セラ ➡61巻37ページ
- ◆スパリゾートハワイアンズ ➡63巻27ページ
- ◆ハウス食品 ➡66巻15ページ
- ◆日本生命 ➡70巻27ページ

8 事務系の仕事
会社に必要な、事務作業を行う

この会社を見てみよう！
- ◆ヤマハ ➡61巻15ページ
- ◆ジャパネットたかた ➡64巻27ページ
- ◆ユニクロ ➡67巻5ページ
- ◆ENEOS ➡68巻37ページ

9 流通・サービス・販売系の仕事
お客さまに商品やサービスをとどける

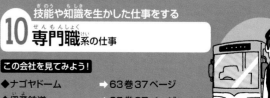

この会社を見てみよう！
- ◆イオン ➡64巻15ページ
- ◆H.I.S. ➡65巻5ページ
- ◆GAP ➡67巻15ページ
- ◆TOTO ➡68巻5ページ

10 専門職系の仕事
技能や知識を生かした仕事をする

この会社を見てみよう！
- ◆ナゴヤドーム ➡63巻37ページ
- ◆伊予鉄道 ➡65巻27ページ
- ◆TBSテレビ ➡69巻5ページ
- ◆野村ホールディングス ➡70巻37ページ

■取材協力

SGS ジャパン 株式会社

カシオ計算機 株式会社

株式会社 資生堂

株式会社 ファーストリテイリング

ギャップジャパン 株式会社

国連環境計画（UNEP）

■スタッフ

編集・執筆	青木一恵
	田口純子
	前田登和子
	吉田美穂
撮影	石見祐子
	大森裕之
	橋詰芳房
校正	菅村薫
	渡辺三千代
デザイン	sheets-design
編集・制作	株式会社 桂樹社グループ

ユニクロ・GAP・カシオ・資生堂

ファッションの会社 **67**

発行　2020年4月　第1刷

発行者　千葉 均

編集　柾屋 洋子

発行所　株式会社 ポプラ社

　　　　〒102-8519

　　　　東京都千代田区麹町4-2-6

　　　　電話　03-5877-8109（営業）

　　　　　　　03-5877-8113（編集）

　　　　ホームページ　www.poplar.co.jp

印刷・製本　大日本印刷株式会社

ISBN978-4-591-16543-0

N.D.C.366　47p　27cm

Printed in Japan

ポプラ社はチャイルドラインを応援しています

18さいまでの子どもがかけるでんわ

チャイルドライン®

0120-99-7777

毎日午後**4**時〜午後**9**時 ※12/29〜1/3はお休み

電話代はかかりません 携帯（スマホ）OK

18さいまでの子どもがかける子ども専用電話です。
困っているとき、悩んでいるとき、うれしいとき、
なんとなく誰かと話したいとき、かけてみてください。
お説教はしません。ちょっと言いにくいことでも
名前は言わなくてもいいので、安心して話してください。
あなたの気持ちを大切に、どんなことでもいっしょに考えます。

チャット相談は
こちらから

仕事の現場に完全密着！ 取材にもとづいた臨場感と説得力!!

職場体験完全ガイド

全70巻

N.D.C.366（職業）